Cener

CW00516357

Questa è Cenerentola.

1

Cenerentola vive con la regina e le
sue sorellastre. Povera Cenerentola!
Deve fare sempre i lavori di casa.
Le sue sorellastre, invece,
si riposano sempre.

Un giorno la famiglia riceve una lettera:
*"Domani è il compleanno del principe.
C'è una festa al castello!"*
Le sorellastre sono felici
e si preparano per la festa.

Cenerentola non può andare
alla festa. Deve fare i lavori di casa
e non ha un vestito elegante.
Le sorellastre vanno alla festa e lei
rimane sola a casa. Ma... che succede?
La porta si apre ed entra una fata.

Cenerentola è felice.
"Ora posso andare alla festa."
Ma la fata dice: *"Cenerentola,
la magia finisce a mezzanotte!"*

Cenerentola ringrazia la fata, sale sul taxi e va alla festa del principe.

Cenerentola esce di corsa dal castello
e perde una scarpa sulle scale.

Il principe vede la scarpa e la prende.
"È una scarpa molto piccola!
Con questa scarpa posso ritrovare
la ragazza misteriosa."

Un giorno, il principe entra
nella casa di Cenerentola.
Le sorellastre provano la scarpa, ma è
troppo piccola per i loro piedi grandi.
Anche Cenerentola prova la scarpa.
È perfetta!

Il principe e Cenerentola si sposano.
Oggi vivono nel castello felici
e contenti.

Con un po' di magia
la fata trasforma...

....
....

....
....

....
....

Scrivi la parola giusta.

Cenerentola vive con la ....
e con le ....
Domani è il .... del principe,
c'è una .... al castello.
Con la sua .... , la fata
aiuta Cenerentola: trasforma il suo vestito
.... in un vestito
.... Cenerentola è felice:
ora può andare alla festa e può conoscere
il ....

- ❑ compleanno
- ❑ festa
- ❑ magia
- ❑ regina
- ❑ nuovo
- ❑ principe
- ❑ sorellastre
- ❑ vecchio

© 2001 - **ELI** s.r.l.
C.P. 6 - 62019 Recanati - Italia
Tel. +39/071/75 07 01 - Fax +39/071/97 78 51 - www.elionline.com

Illustrazioni di Elena Staiano

È assolutamente vietata la riproduzione totale o parziale di questa pubblicazione,
così come la sua trasmissione sotto qualsiasi forma e con qualunque mezzo,
anche attraverso fotocopie, senza l'autorizzazione della casa editrice ELI.

ISBN **88 - 8148 - 721 - 7**

Stampato in Italia dalla Tecnostampa   01.83.116.0